INHALTSVERZEICHNIS

Vorwort   4

PROJEKTE   6

Outdoorteppich   6
Mosaikgartentisch   9
Insektenhotel   12
Vogelhaus   15
Girlande aus Stoffresten   18
Hängender Erdbeergarten   20
Rollbares Hochbeet   22
Feuerschale   24
Regenrinnen-Beete   26
Meisenobst im Holzapfel   28
Pflanzschilder aus Ton   30
Trittsteine   32
Pflanzentreppe   34
Pflanzenleiter   36
Baumstamm-Gartenleuchte   39
Mini-Teich   42
Balkon-Sichtschutz   44
Weinkistenbank   46
Vogeltränke   48
Pflanzsteine   52
Palettenbank   54
Bucheckern-Lichterkette   58
Herbstlichter   60

VORWORT

Du liebst es, kreativ zu sein, hübsche Deko für dein Zuhause zu basteln oder anderen mit etwas Selbstgemachtem eine Freude zu machen? Du dekorierst deinen Garten oder deinen Balkon genauso gerne wie deine Wohnung? Wie schön, dass du dann dieses Büchlein in den Händen hältst! Hier findest du hübsche sowie praktische Projekte für draußen, kannst unterschiedliche Materialien und Techniken ausprobieren und dir einfach mal wieder kreative Momente gönnen. Deine persönlichen Gartenmomente.

OUTDOORTEPPICH

Teppiche gliedern einen Raum und machen ihn gemütlich. Das gilt auch für den Balkon. Dieser aus Plastiktüten gewebte runde Teppich kann ruhig bei Regen im Freien bleiben. Und das Tütenchaos im Küchenschrank hat auch ein Ende!

DAS BENÖTIGST DU

MATERIAL
- Hula-Hoop-Reifen
- (Ø mindestens 85 cm)
- festes Jutegarn
- etwa 25 große Plastiktüten oder Müllsäcke

WERKZEUG
- Schere

SO WIRD'S GEMACHT

1. Bereite zunächst den Webrahmen vor: Binde das Jutegarn um den Reifen, sodass das Garn vorne und hinten entlangläuft. Unterteile dafür den Reifen gedanklich in 16 Kuchenstücke und binde das Garn rundherum an den Reifen.
2. Nun schneide die Tüten als Garn zu. Teile die Tüten dafür der Breite nach in Streifen, die dann an einer Seite aufgeschnitten werden. Je nach Stärke der Tüten kann die Breite der Streifen zwischen 3 und 10 cm variieren. Am besten geeignet sind dünne Tüten.

WEITER GEHT'S

3 Beginne mit dem Weben in der Mitte des Reifens. Führe die Tütenstreifen immer abwechselnd über und unter die Streben des Jutegarns und ziehe es dabei straff. Wenn ein Streifen zu Ende geht, führe ihn auf die Rückseite und verknote ihn mit einem neuen Streifen. Dann drehe den Webrahmen um und fahre mit dem Weben fort.

4 Wenn du dich nah an den Hula-Hoop-Reifen herangewebt hast, kannst du den Teppich fertigstellen. Dazu drehst du ihn auf die Rückseite und schneidest die abstehenden Enden an den Knoten ab.

5 Um den Teppich vom Rahmen zu lösen, schneidest du das Garn am Rand des Reifens auf.

6 Nun müssen nur noch die beiden Enden miteinander verknotet und das Jutegarn bis kurz vor den Knoten zurückgeschnitten werden.

MOSAIKGARTENTISCH

Mosaik wurde bereits im Altertum gefertigt, und wenn sich ein Hobby über Jahrhunderte so hartnäckig hält, liegt die Vermutung nah, dass das ein großer Spaß ist. Um das mit dem Nützlichen zu verbinden, machen wir einen Gartentisch daraus.

DAS BENÖTIGST DU

MATERIAL
- alter Tisch
- 240er-Schleifpapier
- Holzfarbe (optional)
- Waschbenzin
- lösemittelfreier Tiefgrund
- verschiedenfarbige Fliesen, Fliesenreste oder Mosaiksteine
- Montagekleber (für Holz und Stein)
- flexibler Fugenmörtel
- Schwamm, weicher Baumwolllappen
- Holz-Abschlussleisten (optional)
- Pattex Montage All Material (optional)
- Silikon

WERKZEUG
- Farbrolle
- Bleistift, Pinsel
- Kneif- bzw. Fliesenzange
- Silikonspritze
- Fugbrett
- alte Lappen

SO WIRD'S GEMACHT

1. Wenn du eine Rundumerneuerung wünschst oder dein alter Tisch anders nicht mehr zu retten ist, musst du ihn zunächst mit 240er-Schleifpapier abschleifen und ihm mit der Holzfarbe zu neuer Frische verhelfen.
2. Bevor du dein Mosaik aufbringen kannst, muss in jedem Fall die Oberfläche des Tischs mit dem feinen Schleifpapier gründlich angeschliffen werden, damit Tiefgrund und Fliesenkleber vernünftig haften können. Diesen Arbeitsschritt kannst du manuell oder mithilfe einer Schleifmaschine erledigen. Achte in jedem Fall darauf, gleichmäßig zu arbeiten.
3. Nach dem Schleifen musst du deinen Tisch sorgfältig reinigen. Er muss unbedingt trocken, staub-, schmutz- und fettfrei sein. Waschbenzin eignet sich zu diesem Zweck besonders gut. Damit das Holz durch die Feuchtigkeit des Fliesenklebers nicht aufquillt, solltest du deine Tischplatte mithilfe einer Farbrolle sorgfältig mit lösemittelfreiem Tiefgrund bestreichen und über Nacht trocknen lassen.
4. Skizziere nun mit dem Bleistift das gewünschte Motiv auf die Tischplatte.

5 Mit der Kneif- oder Fliesenzange zwickst du nun Einzelteile aus deinen Fliesen zurecht oder suchst dir die passenden Mosaiksteine aus (Bild 5a). Greife dann zur Silikonspritze und setze dein Bild Stück für Stück zusammen, indem du auf jedes einzelne Mosaik-Bruchstück Montagekleber aufträgst und direkt auf die Platte klebst (Bild 5b). Zwischen den Fliesenteilchen solltest du einen Abstand von 2–5 mm einhalten.

6 Nach 2–3 Stunden Trocknungszeit kannst du mithilfe deines Fugbretts diagonal den Fugenmörtel auftragen, bis alle Fugen komplett gefüllt sind. Den überschüssigen Fugenmörtel ziehst du ab. Nach weiteren 15 Minuten benutzt du einen Schwamm zum Glätten der Fugen und zum Abwaschen des restlichen Mörtels. Den letzten Mörtelschleier kannst du mit einem Baumwolltuch wegpolieren.

7 Abschlussleisten geben deinem Tisch eine saubere Kante. Beim Material hast du die Wahl zwischen Holz, Metall und Kunststoff. Damit kein Wasser unter die Leisten dringen kann, empfiehlt es sich, die Zwischenräume mit Silikon auszuspritzen.

TIPP

Wir zeigen dir nicht nur, wie du den Tisch hübsch verzierst, sondern auch pflegeleicht machst.

INSEKTENHOTEL

Damit es im Garten ordentlich summt und brummt, bauen wir den fleißigen Bienchen ein schickes Betondomizil. Oder zwei oder drei? Die Hotels sind stapelbar!

DAS BENÖTIGST DU

MATERIAL
- Schnell-Estrich, Wasser
- Holzstab, Rührschüssel
- 1,5 l Getränkekarton
- Moosgummi oder andere Schaumplatte, ca. 1 cm dick
- Akkuschrauber und Bohrer 6 und 8
- altes Holzbrett als Bohrunterlage
- doppelseitiges Klebeband
- Plastik-Strohhalme, 6 mm und 8 mm Ø
- Bastelknete
- Vaseline

WERKZEUG
- Cutter
- Schere

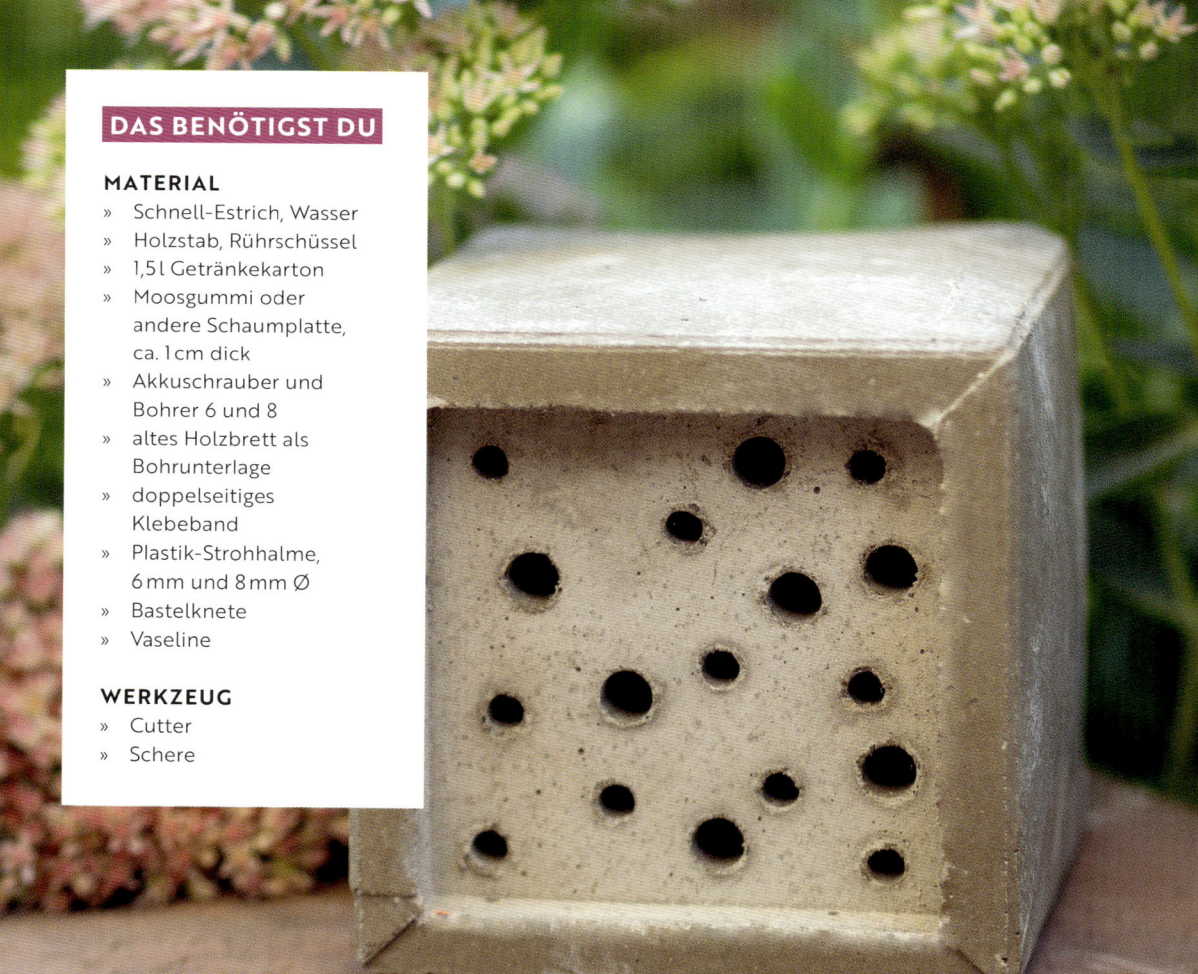

SO WIRD'S GEMACHT

1. Schneide den Getränkekarton unterhalb des Ausgusslochs mit dem Cutter rundherum auf. Spüle ihn gründlich mit Wasser und Seife aus und trockne ihn ab.
2. Dann schneidest du aus dem Moosgummi und einem Rest Getränkekarton jeweils ein Quadrat von 7,5 cm x 7,5 cm aus. Lege beide Teile aufeinander auf ein Holzbrett. Bohre danach insgesamt bis zu achtzehn 6 mm und 8 mm große Löcher durch beide Schichten. Arbeite nicht zu viele Niströhren ein. Wildbienen fühlen sich – im Gegensatz zu Honigbienen – mit wenigen Nachbarn wohler.
3. Kürze entsprechend viele Strohhalme mit einer Schere auf 10 cm und verschließe jeweils ein Ende mit etwas Knete.
4. Jetzt beklebst du eine Seite des Moosgummi-Quadrats mit doppelseitigem Klebeband. Schmiere die andere Seite des Quadrats sowie alle Strohhalme gründlich mit Vaseline ein.

WEITER GEHT'S

5
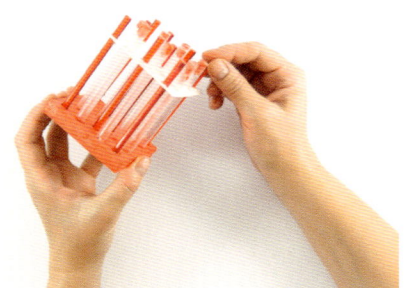

6

7

5 Danach steckst du alle vorbereiteten Strohhalme mit dem „Knetende" nach oben zeigend in die entsprechenden Löcher des Moosgummi-Quadrats. Schiebe das Getränkekarton-Quadrat von oben passgenau und ca. 2 cm tief über die Strohhalme. So werden diese in der Länge fixiert und verschieben sich beim Eingießen des Betons nicht.

6 Klebe nun das Moosgummi-Quadrat mittig auf den Innenboden des Getränkekartons.

7 Rühre den Estrich nach Packungsanweisung an und gieße ihn in die Form. Der Beton sollte die Strohhalme etwa 2 cm überdecken. Das Getränkekarton-Quadrat gießt du mit ein. Es bleibt im Innern des Blocks und ist später nicht sichtbar. Lasse nun den Beton mindestens 24 Stunden aushärten.

8 Zum Schluss entfernst du den Getränkekarton (einfach abreißen) sowie das Moosgummi-Quadrat und ziehst alle Strohhalme vorsichtig aus dem Block heraus.

VOGELHAUS

Möchtest du, dass süße Piepmätze deine neuen Nachbarn werden? Mit ein bisschen Beton und einem Blumenpott als Dach zauberst du für sie ein schönes Domizil!

DAS BENÖTIGST DU

MATERIAL
- Schnell-Estrich, Wasser
- Holzstab, Rührschüssel
- Klopapierrolle
- einseitig klebende Folie
- Joghurtbecher à 500 g, leer und sauber
- Joghurtbecher à 1000 g, leer und sauber

WERKZEUG
- Permanent-Marker
- Schere
- Rundholzstab, 10 mm Ø, Länge ca. 8 cm
- Malerkrepp
- Lochzange
- Plastik-Strohhalm
- Blumendraht, ca. 1,50 m
- passender Blumentopf aus Ton
- Weinkorken

SO WIRD'S GEMACHT

1. Beziehe die Klopapierrolle mit der einseitig klebenden Folie.
2. Stelle die Rolle dann senkrecht auf die Außenseite des großen Joghurtbechers, etwa 4 cm vom oberen Rand entfernt, und zeichne den Umriss mit einem Permanent-Marker nach.
3. Schneide den Kreis aus dem Joghurtbecher mit einer Schere aus.
4. Jetzt machst du ca. 1 cm darunter ein kleines Loch, durch welches der Rundholzstab passt.
5. Stecke den zweiten, kleineren Joghurtbecher in den großen, sodass die oberen Ränder bündig sind, schiebe die Klopapierrolle durch das Loch und markiere den Umriss auf dem kleineren Becher. Ziehe den kleinen Becher wieder heraus, und schneide den Kreis aus. Dann stecke den kleinen wieder in den großen Becher und schiebe die Klopapierrolle durch beide Öffnungen.

TIPP

Um der Vogelbehausung einen rustikalen Touch zu geben, kannst du statt des Rundholzes auch einen passenden Ast verwenden.

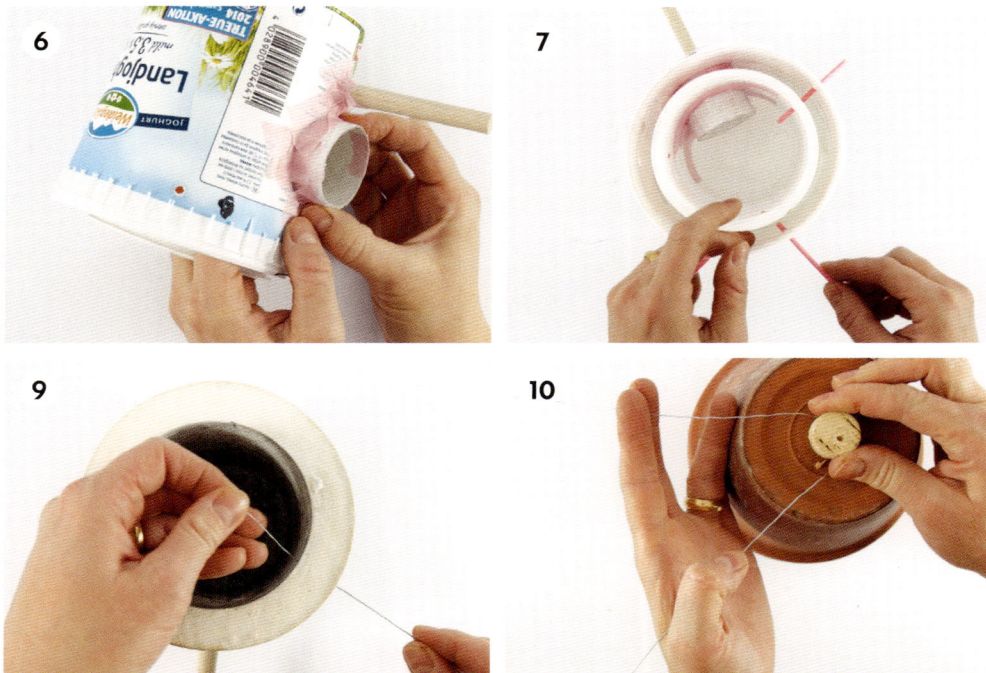

6 Dann steckst du den Rundholzstab in das kleine Loch, er sollte mittig zwischen den beiden Bechern enden, und dichte die Öffnung mit Malerkrepp ab. Ebenso die Öffnungen für die Klopapierrolle außen und innen mit Kreppband abdichten.

7 Mach in den oberen Rand der beiden Becher drei gleichmäßig verteilte Löcher (z.B. mit einer Lochzange), etwa 1,5 cm vom oberen Rand entfernt, durch welches du jeweils ein Stück Strohhalm schiebst. Die Öffnungen ebenfalls mit Malerkrepp abdichten.

8 Estrich nach Packungsanweisung anmischen und den Becherzwischenraum damit ausgießen. Aushärten lassen und dann aus der Form lösen. Dafür musst du zuerst die Strohhalme und die Klopapierolle entfernen.

9 Durch die Strohhalmlöcher ziehst du nun jeweils etwa 50 cm Blumendraht. Nimm den Blumentopf und ziehe den Draht von innen nach außen durch das Topfloch.

10 Knicke den Draht etwas zur Seite und stopfe das Loch mit einem passenden Weinkorken. So regnet es nicht hinein.

11 Die Drahtenden in etwa 40 cm Höhe zu einer Schlaufe legen und zusammenzwirbeln. An der Schlaufe kannst du das Vogelhäuschen aufhängen.

GIRLANDE AUS STOFFRESTEN

Zum Basteln aufwendiger Deko bleibt bei der Vorbereitung einer Party oft nicht viel Zeit. Zum Glück ist die Girlande aus Stoffresten in ein paar Minuten gemacht, sodass es auf deiner Party beides gibt: leckeres Essen und ein tolles Ambiente!

DAS BENÖTIGST DU

MATERIAL
- » Stoffreste
- » dicke Kordel in der gewünschten Länge

WERKZEUG
- » Stoffschere (optional)

SO WIRD'S GEMACHT

1. Reiße oder schneide den Stoff in etwa 3 cm breite und 60 cm lange Streifen.
2. Knote nun die Stoffstreifen im Abstand von 10 cm an die Kordel. Am besten spannst du die Kordel dafür zwischen zwei Stühle. Nimm die Stoffstreifen jeweils doppelt, lege die Schlaufe um die Kordel und führe die beiden Streifenenden durch die Schlaufe hindurch.
3. Verknote nun, auf der rechten Seite beginnend, immer den Streifen eines Knotens locker mit einem Streifen des Knotens links daneben. Verfahre so mit allen Streifen und hänge die Girlande an der gewünschten Stelle auf.

HÄNGENDER ERDBEERGARTEN

Es gibt doch nichts Schöneres als einen eigenen Naschgarten. Erdbeeren fühlen sich in hängenden Körben besonders wohl und sind nicht nur lecker, sondern auch ein echter Augenschmaus!

DAS BENÖTIGST DU

MATERIAL
- Gemüsekorb zum Aufhängen
- reichlich Moos
- Erde
- Erdbeerpflanzen für Blumenampeln

WERKZEUG
- Schaufel

SO WIRD'S GEMACHT

1 Kleide die Wände der Körbe mit Moos aus. Am besten funktioniert das, wenn du den Korb dazu aufhängst. Das Moos sollte fest an die Wand gedrückt werden, sodass überschüssiges Gießwasser später herauslaufen kann, ohne dass Erde mit herausgeschwemmt wird.
2 Fülle nun Erde in die Körbe und pflanze die Erdbeerpflanzen ein. Befestige den Erdbeerkorb an einem sehr sonnigen Ort.

TIPP

Wenn du statt Erdbeeren Kräuter wie Basilikum oder Petersilie einpflanzt und den Korb über deinen Essplatz hängst, kannst du deine Mahlzeit direkt am Tisch verfeinern.

ROLLBARES HOCHBEET

Manchmal ist es einfach Zeit für eine Veränderung und dein Hochbeet bereit für einen Umzug. Doch wie kriegst du das teuflisch schwere Ding auf die andere Seite deines Gartens? Genau, ein Hochbeet auf Rollen muss her!

DAS BENÖTIGST DU

MATERIAL
- 3 Tulpenzwiebel-Siebe
- Schrauben
- 4 Transportrollen
- Unkrautvlies ca. 140 x 110 cm

WERKZEUG
- Nageleisen
- Schraubenzieher
- Kneifzange
- Akkubohrer
- Tacker, Schere

SO WIRD'S GEMACHT

1. Entferne bei zwei der Zwiebelsiebe den Gitterboden, indem du mit einem Nageleisen oder einem breiten Schlitzschraubenzieher die Köpfe der alten Nägel so weit herausziehst, dass du sie anschließend mit der Kneifzange vollends herausbekommst. Als Nächstes löst du von einer der Kisten noch alle vier seitlichen Holzplanken von den Pfosten ab.

2. Jetzt stapelst du das Sieb ohne Boden auf das intakte Zwiebelsieb. Die aufeinanderstehenden Pfosten verbindest du, indem du die Pfosten der komplett zerlegten Kiste als Verbindungsstück innen an die beiden Pfosten schraubst. Als Letztes schraubst du die losen Bretter an die Außenwand, sodass sie den Raum zwischen der oberen und der unteren Kiste ausfüllen.

3. Drehe dein Hochbeet nun auf den Kopf und bohre in alle vier Ecken ein Loch. Der Durchmesser der Löcher sollte gerade so groß sein, dass die Bolzen deiner Rollen hineinpassen. Wenn es sich um Rollen ohne solche Bolzen handelt, schraubst du diese einfach in den vier Ecken an.

4. Jetzt kleidest du den Innenraum inklusive Boden mit Unkrautvlies aus. Das Vlies tackerst du am oberen inneren Rand an die Seitenwände und schneidest den überstehenden Rest ab. Nun brauchst du nur noch Erde, Humus & Co. einzufüllen und kannst mit der Bepflanzung beginnen.

FEUERSCHALE

Marshmallows über dem Feuer grillen, die Gesichter wärmen und in die Flammen schauen – Was gibt es Romantischeres als ein kleines Lagerfeuer im Garten?

DAS BENÖTIGST DU

MATERIAL
- Schnell-Estrich, Wasser
- Garteneimer (z. B. Flexi-Tub), ca. 34 cm Ø
- neutrales Pflanzenöl
- größere Steine

WERKZEUG
- Speiskübel, ca. 48 cm Ø
- Besenstiel
- großer Pinsel
- Baueimer

SO WIRD'S GEMACHT

1 Pinsele den Garteneimer von außen und den Speiskübel von innen mit einer dünnen Schicht Pflanzenöl als Trennmittel ein.
2 Mische im Speiskübel nach Herstellerangabe eine größere Menge Estrich an. Dafür benutzt du am besten einen Besenstiel. Achte darauf, dass keine Klümpchen oder noch trockener Estrich in dem Gemisch bleiben. Die Betonschicht sollte etwa 6 cm hoch sein.
3 Setze den Garteneimer anschließend auf den Beton in den Speiskübel und beschwer ihn mit ein paar großen Steinen.
4 Dann rührst du im Baueimer noch einmal in etwa die gleiche Menge Beton an und füllst diesen vorsichtig in den Zwischenraum von Eimer und Kübel.
5 Setze weitere Steine in den Eimer und beschwere ihn damit. Zwischen Eimer und Kübelboden sollten sich etwa 5 cm Beton befinden. Justiere den Eimer, bis an allen Seiten gleich viel Abstand zwischen den beiden Gefäßen ist.
6 Lasse den Beton aushärten. Er muss richtig trocken sein, erst dann kannst du die Feuerschale vorsichtig herauslösen.

REGENNRINNEN-BEETE

Wenig Platz, aber große Ambitionen? Dann ist unser vertikaler Garten aus einer Regenrinne genau das Richtige für dich! Diese wird, in zwei oder mehrere Teile zerlegt, an der Wand angebracht und bietet Platz für Kräuter oder Salat.

DAS BENÖTIGST DU

MATERIAL
- Regenrinne, 2 m lang
- je 2 Regenrinnen-Endstücke für links und rechts
- 4 Regenrinnen-Halter
- Schrauben
- Dübel

WERKZEUG
- Metallsäge
- Universalkleber
- Bohrmaschine
- Zollstock
- Schraubenzieher

SO WIRD'S GEMACHT

1 Als Erstes sägst du die Rinne so zu, dass zwei gleich lange Teile entstehen.
2 Nun werden die Rinnen mit den Endstücken verschlossen und verklebt. Bedenke, dass du je Rinne ein linkes und ein rechtes Verschlussstück benötigst. Bohre dann zwei Löcher in den Boden der Regenrinnen, damit später überschüssiges Wasser abfließen kann. Nun die Rinnenhalter an die Rinnen anbringen.
3 Mit dem Zollstock den Abstand zwischen den Schraubenlöchern der beiden Rinnenhalter messen. Arbeite hier sehr exakt! Nun markierst du den gleichen Abstand an deiner Wand, bohrst Löcher und dübelst die Regenrinne dort fest. Achte darauf, zwischen den Etagen mindestens 40 cm Platz zu lassen, damit deine Pflanzen ordentlich wachsen und gedeihen können.
4 Abschließend die Kästen mit Erde befüllen und nach Lust und Laune bepflanzen. Gieße immer vorsichtig, damit die Erde das Wasser vernünftig aufnehmen kann, sonst gibt es direkt eine Sauerei.

TIPP

Zusätzlich kannst du die Wand, an die die Regenrinne angebracht wird, vorher mit Tafelfarbe bemalen. So kannst du später mit Kreide die Pflanzennamen auf die Wand schreiben. Vor allem bei einem Kräuterbeet in der Küche sieht das richtig gut aus.

MEISENOBST IM HOLZAPFEL

Im Winter schmeckt uns das Essen ja besonders gut. Doch während wir uns die Mägen vollschlagen, hopst draußen so mancher Vogel über karge Böden und bekommt nichts zu picken. Lasst uns deshalb doch ein wenig Obst in den Baum hängen!

DAS BENÖTIGST DU

MATERIAL
- 1 Brett bzw. Baumscheibe, mindestens 3 cm dick
- Streu-Vogelfutter
- Kokosfett
- dünner Ast
- Schnur

WERKZEUG
- Stichsäge
- Bohrmaschine
- Holzleim

SO WIRD'S GEMACHT

1. Zuerst zeichnest du die gewünschte Form auf die Holzscheibe auf, z. B. einen Apfel. Wichtig ist, dass in der Mitte der Form ein Loch sein muss.
2. Als Nächstes sägst du mit der Stichsäge die angezeichnete Form aus dem Holz. Auch das Loch musst du aussägen. Dann bohrst du oben und unten je ein Loch in die Form.
3. Das Kokosfett in einem Topf schmelzen, bis es schön flüssig ist. Dann rührst du das Vogelfutter unter das Fett und lässt die Mischung ein wenig abkühlen, bevor du sie dann in das Loch deiner Holzscheibe füllst. Zum Aushärten stellst du die Holzscheibe am besten in den Schuppen oder Keller.
4. Im letzten Schritt leimst du den dünnen Ast und das untere Loch deiner Form. Er dient den Vögeln als Sitzplatz. Dann fädelst du die Schnur durch das obere Loch in deiner Holzscheibe und hängst das Kunstwerk daran an einem Ast auf.

MEISENOBST IM HOLZAPFEL | 29

PFLANZSCHILDER AUS TON

Aus lufttrocknendem Ton lassen sich viele Kleinigkeiten für den Garten herstellen. Er ist leicht zu verarbeiten und trocknet innerhalb kurzer Zeit. Die Pflanzschilder sehen sehr hübsch im kleinen Kräutergarten aus und sind ein tolles Mitbringsel für Gartenfreunde!

DAS BENÖTIGST DU

MATERIAL
- » lufttrocknender Ton
- » Nudelholz
- » Unterlage

WERKZEUG
- » Lineal
- » Cutter
- » Prägebuchstaben oder Zahnstocher

SO WIRD'S GEMACHT

1. Rolle zunächst den Ton mit dem Nudelholz auf einer Unterlage etwa 1 cm dick aus. Schneide anschließend mit dem Cutter Streifen in etwa 16 cm Länge und 1,5 cm Breite zu.
2. Präge die Pflanzennamen mit Buchstaben aus Metall in den Ton ein, oder ritze sie einfach mit einem Zahnstocher ein. Der Ton lässt sich leichter beschreiben, wenn du ihn etwa eine Stunde lang antrocknen lässt. Schneide zum Schluss die Enden mit dem Cutter in Pfeilform ein.

TRITTSTEINE

Keine Lust auf Langeweile im Garten?
Statt 08/15-Gartenplatten kannst du individuelle Trittsteine
aus Beton auch schnell und einfach selber gießen!

DAS BENÖTIGST DU

MATERIAL
- Schnell-Estrich, Wasser
- verschieden große und tiefe Plastikteller oder Blumentopfuntersetzer
- evtl. Spitzendeckchen, Blätter oder Kieselsteine
- Silikonspray

WERKZEUG
- Holzstab, Rührschüssel

SO WIRD'S GEMACHT

1 Stelle die Teller/Untersetzer auf einen ebenen Untergrund.
2 Willst du ein Relief oder Muster in der Platte, sprühst du die Blätter oder das Spitzendeckchen ordentlich mit Silikonspray ein und legst diese auf den Boden des Tellers/Untersetzers.
3 Rühre den Estrich nach Packungsangabe an und gieße die Formen damit aus.
4 Für die Variante mit den Steinen wartest du, bis der Beton beginnt fest zu werden, und legst dann die Kiesel kreisförmig auf die angestockte Betonoberfläche.
5 Warte etwa zwei Tage und befreie die Trittplatten dann aus den Formen.
6 Verlege die Platten mit Schrittabstand in deinem Garten.

TIPP

So richtig schön sehen die Platten erst aus, wenn sie eingewachsen sind. Du kannst bei der Gestaltung ruhig ein bisschen experimentieren und jede Platte anders aussehen lassen.

PFLANZENTREPPE

Hast du eine leere Obstkiste übrig, von der du nicht weißt, was du damit anfangen sollst? Mit wenig Aufwand kannst du daraus eine wirklich hübsche Pflanzentreppe herstellen, die deine Pflanzen auf Balkon und Terrasse ideal zur Geltung bringt.

DAS BENÖTIGST DU

MATERIAL
- Obstkiste mit 3 Holzlatten, z. B. 50 x 40 x 30 cm
- Holzleim
- Nägel (optional)

WERKZEUG
- Stichsäge mit Metallsägeblatt
- Hammer und Keil (optional)
- Kneifzange
- Winkelmaß

SO WIRD'S GEMACHT

1 Von der Holzkiste entfernst du am besten mit der Stichsäge, oder auch mit Hammer und Keil, die drei Bretter auf der einen sowie die unterste Latte auf der gegenüberliegenden Längsseite. Außerdem werden die beiden mittleren Bodenbretter benötigt, also auch die heraussägen. Die durchgesägten Klammern und Nägel ziehst du mit der Zange aus den Brettern heraus, damit niemand sich daran verletzt. Sie sind meistens ziemlich verrostet, verwende für dein Projekt also lieber neue Nägel.

2 Drei der sechs entfernten Latten bleiben unverändert. Bei einer der Latten schrägst du die Ecken so ab, dass sie auf der Rückseite deiner Kiste zwischen die Eckpfosten passt und dort auf der Rückwand und den Seitenwänden aufliegt. Anschließend kürzt du zwei Bretter auf die Länge des Innenabstands zwischen den Seitenwänden.

3 Beim Treppenbau gehen wir von hinten/oben nach vorne/unten vor. Jede Stufe ist zwei Bretter tief, der Treppenabsatz immer ein Brett hoch. Als Erstes klebst du das abgeschrägte Brett hinten auf Rück- und Seitenwände, dann leimst du eines der unveränderten Bretter davor auf die Seitenwände. Wo dieses Brett endet, leimst du jetzt eines der gekürzten Bretter zwischen die Seitenwände. Fertig ist die erste Stufe. Eine Ebene weiter unten leimst du nun die verbleibenden zwei unveränderten Bretter auf die Seitenwände auf. Davor kommt dann wieder ein Brett zwischen die Seitenwände. Um ein Verrutschen der Latten zu verhindern, kannst du sie auch vorsichtig vernageln. Hier solltest du aber aufpassen, dass das Holz nicht splittert. Grundsätzlich hält der Leim jedoch fest genug.

PFLANZENLEITER

Viele Stadtbewohner wollen sich den Traum vom eigenen Gemüsegarten auch bei eingeschränktem Platzangebot verwirklichen. Auf dieser Gemüseleiter bieten vier Blumenkästen Platz für Schnittsalat, Kräuter und Kastengurken.

DAS BENÖTIGST DU

MATERIAL
- 1 Dachlatte, 1,9 x 4,4 x 240 cm
- 2 Dachlatten, 2,4 x 4,8 x 200 cm
- Schrauben
- Acryllack
- 4 verzinkte Blumenkästen, etwa 60 cm lang
- 8 Haken

WERKZEUG
- Zollstock, Stift
- Säge
- Akkubohrer, -schrauber
- Pinsel

SO WIRD'S GEMACHT

1. Zeichne vier Sprossen mit jeweils 50 cm Länge an der einzelnen schmalen Dachlatte an, und säge die Sprossen zu.

2. Nun werden die Sprossen auf die beiden breiteren Dachlatten geschraubt. Dazu misst du von oben beginnend 15 cm ab und schraubst die erste Sprosse auf. Von der Unterkante dieser Sprosse aus misst du 44 cm ab und schraubst die nächste Sprosse auf die Latten. Verfahre mit den übrigen beiden Sprossen ebenso.

TIPP

Zum Bepflanzen eignen sich besonders gut Kräuter, Schnittsalate wie Rucola oder Asiasalat, Kastengurken und Pflanzen mit essbaren Blüten wie Kapuzinerkresse.

WEITER GEHT'S

3   Du kannst die Leiter entweder in dem natürlichen Holzton belassen oder sie mit einem farbigen Akzent in Szene setzen. Sie ist in Kombination mit der restlichen Deko auf dem Balkon ein wahrer Blickfang! Der Acryllack wird mit einem Pinsel aufgetragen; bei kräftigen Farben reicht oft schon ein Anstrich.

4   Vor der Bepflanzung müssen Löcher in die Böden der Zinkkästen gebohrt werden, damit das Gießwasser gut ablaufen kann.

5   Bohre zusätzlich je Kasten zwei Löcher, im Abstand von etwa 12 cm vom Seitenrand, in die Kastenrückseite. Befestige daran Haken, mit denen du die Kästen an der Leiter aufhängen kannst.

TIPP

Nach der Ernte macht sich die Leiter mit Windlichtern und Zweigen dekoriert sehr gut als Accessoire auf dem Balkon.

BAUMSTAMM-GARTENLEUCHTE

Durch diese naturbelassene Beleuchtung setzt du deinen Garten oder Balkon gekonnt in Szene. Zugegeben, dieses DIY-Projekt ist nichts für Zartbesaitete, aber mit Geduld und ordentlich Spucke gibt es auch bei dir Licht!

DAS BENÖTIGST DU

MATERIAL
- Baumstamm (astfrei, Ø 25–35 cm)
- Lichtschlauch für draußen, warmweiß
- Schutzkapsel für Stromstecker (optional)

WERKZEUG
- Nagel
- Stück Schnur und Bleistift
- Bohrmaschine mit 35 mm „3-D-Bohrer" (alternativ: Motorsäge und Fräse bzw. Lochsäge und Stechbeitel)
- Stich- oder Japansäge
- Schraubzwinge

1 Zuerst legst du den auszuhöhlenden Bereich fest. Dazu setzt du den Nagel in der Mitte des Baumstamms an und schlägst ihn leicht ein. Nimm nun die Schnur zur Hand und befestige das eine Ende an dem Bleistift und das andere an dem Nagel im Baumstamm. Ziehe einen Kreis und halte dabei einen Abstand vom Rand des Baumstamms von mindestens 2 cm ein. Alles innerhalb des Kreises musst du im nächsten Schritt entfernen.

2 Einen Baumstamm auszuhöhlen, ist nicht ganz einfach und es gibt keinen „Königsweg". Wir haben verschiedene Möglichkeiten getestet und drei Wege gefunden. Jeder hat jedoch seine Vor- und Nachteile.

» **Per Motorsäge:** Die schnellste Methode, einen Baumstamm auszuhöhlen, funktioniert mithilfe einer Kettensäge. Hierzu treibst du das Schwert der Kettensäge mit der Spitze voran in den Baumstamm. Wiederhole diesen Vorgang so oft, bis ein „Schachbrettmuster" entsteht. Nun kannst du das Holz mit einer Fräse entfernen. Diese Art der Bearbeitung ist jedoch nicht ungefährlich und sollte nur von fachkundigen Personen unter Einhaltung aller Sicherheitsmaßnahmen erfolgen!

» **Per Lochsäge:** Bei dieser Methode sägst du mit dem Lochsägeaufsatz für deine Bohrmaschine möglichst viele Kreise in die auszuhöhlende Fläche. Sieht der Baumstamm aus wie ein Schweizer Käse, machst du dich daran,

3. Ist der Baumstamm ausgehöhlt, werden die Lichtschlitze in den Stamm gesägt. Hier ist Fantasie gefragt. Es sind sowohl gerade als auch kurvige Formen möglich. Einschnitte kannst du von oben und unten machen. Je nachdem, ob die Lampe mehr oder weniger Licht verbreiten soll, kannst du viele oder wenige Einschnitte machen. Dazu den Baumstamm mit einer Schraubzwinge am Tisch oder an der Werkbank befestigen und mit der Stich- bzw. Japansäge die Einschnitte vornehmen. Den Baumstamm musst du dazu Stück für Stück weiterdrehen. Also sägen, Schraubzwinge lösen, Stamm leicht drehen, Schraubzwinge anziehen und wieder sägen usw.
4. Sind die Einschnitte gemacht, wird die Lichterkette im Baumstamm platziert. Dazu wickelst du deine Lichterkette auf und steckst sie von unten in den ausgehöhlten Stamm. Wichtig ist, dass es sich um eine wetterfeste Lichterkette für den Außenbereich handelt, da es sonst durch Feuchtigkeit und Wettereinflüsse über kurz oder lang zu einem Kurzschluss kommen würde.
5. Wird ein Verlängerungskabel zwischen dem Stecker der Lichterkette und der Steckdose eingesetzt, bitte die Steckerverbindung durch eine Stecker-Sicherheitsbox vor Wettereinflüssen schützen.

das Holz mit einem Stechbeitel zu entfernen. Auf diese Weise arbeitest du dich Schicht für Schicht nach unten vor. Der große Vorteil dieser Methode ist, dass sie vergleichsweise einfach und ungefährlich ist. Es ist aber auch die mühsamste Methode.

» **Per „3-D-Bohrer" (unser Tipp, siehe auch Bild 2):** Ein 3-D-Bohrer ist für etwa 15 Euro zu haben und erleichtert die Arbeit enorm. Mit dem Bohrer treibst du Loch an Loch in den Baumstamm. Mit dem Bohrer die restlichen Überstände durch Kippbewegungen der Bohrmaschine herausfräsen. Geht schnell, ist ungefährlich und mit wenig Kraftaufwand möglich.

TIPP

Wer seinen Baumstamm vor Wettereinflüssen schützen möchte, kann den Stamm zusätzlich mit einem Holzschutzmittel versiegeln.

MINI-TEICH

Auch wenn du keinen riesigen Garten dein Eigen nennst, musst du nicht auf das beruhigende Element Wasser verzichten. Für einen Mini-Teich findet sich doch immer ein Plätzchen. Hol dir ganz einfach diese kleine Oase der Entspannung nach Hause.

DAS BENÖTIGST DU

MATERIAL
- » wasserdichte Zinkwanne
- » Stück Plastik in der Höhe deiner Zinkwanne
- » ca. 10 kg Kieselsteine
- » ca. 10 l Teicherde
- » kleinwüchsige Wasserpflanzen und Seerosen
- » ggf. Gitterübertöpfe für die Pflanzen
- » evtl. große Steine oder Töpfe

SO WIRD'S GEMACHT

1. Zuerst baust du ein Uferbeet in die Zinkwanne. Dazu trennst du mithilfe des Plastikstücks einen Teil der Wanne ab. Achte darauf, dass das Plastikstück etwas flacher ist als der obere Rand deiner Wanne. Damit deine Trennwand nicht umkippt, schüttest du links und rechts davon Kieselsteine in die Zinkwanne.
2. Nun befüllst du dein Uferbeet mit Teicherde. Pflanze deine Wasserpflanzen, falls du diese nicht schon so gekauft hast, in die dafür vorgesehenen Gitterübertöpfe. Anschließend setzt du die Pflanzen in dein abgetrenntes Uferbeet ein.
3. Flute die Zinkwanne nach und nach mit Wasser. Achte dabei darauf, dass die Teicherde nicht über die Trennwand schwappt.
4. Das große Finale bilden deine Seerosen. Diese stellst du in den tieferen Teil deines Mini-Teichs. Sollten die Gittertöpfe der Seerose nicht den Wannenboden berühren, kannst du mithilfe eines umgedrehten Topfs oder großer Steine für eine Erhöhung sorgen.

TIPP

Wähle einen nicht zu sonnigen Standort für deinen Mini-Teich, da sich sonst Grünalgen bilden, und fülle regelmäßig das verdunstete Wasser auf.

BALKON-SICHTSCHUTZ

Auch wenn man nicht viel Platz zur Verfügung hat, kann man sich auf dem Balkon im Sommer gemütlich einrichten. Der Sichtschutz aus einem alten Kleiderständer sorgt nicht nur für ungestörte Stunden mit dem Lieblingsbuch, er bietet auch jede Menge Platz für Kräuter und Blumen.

DAS BENÖTIGST DU

MATERIAL
- Kleiderständer, z. B. „Mulig" von Ikea
- Estrichgitter aus dem Baumarkt, entsprechend der Maße des Kleiderständers
- stabiler Draht, etwa 180 cm lang
- kleine verzinkte Eimer mit Bügeln und Blumenkästen
- Haken

WERKZEUG
- Drahtzange

 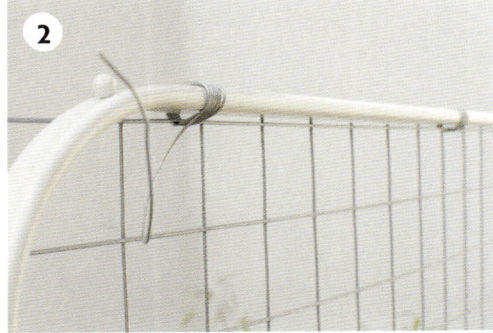

SO WIRD'S GEMACHT

1 Miss zunächst die Innenfläche des Kleiderständers aus, um so die Größe des benötigten Estrichgitters zu ermitteln.
2 Halte das Gitter so an die Innenfläche der Kleiderstange, dass es mit der unteren Stange abschließt. Den Teil des Gitters, der oben übersteht, entfernst du mit der Zange.
3 Anschließend schneidest du 20 cm lange Stücke Draht zu und wickelst diese straff um den Ständer und das Estrichgitter. Befestige das Gitter auf diese Weise an etwa neun Stellen rundherum am Ständer. Entferne das überstehende Gitter an der Rundung des Ständers mit der Drahtzange und befestige die Eimer und Blumenkästen mithilfe der Haken.

TIPP
Eine Rankpflanze wie die Clematis fühlt sich auch im Schatten wohl und hat im Nu den Sichtschutz in eine „grüne Wand" verwandelt.

WEINKISTENBANK

Damit draußen im Herbst keine gähnende Leere herrscht, kannst du dir eine ganz einfache Bank aus Wein- oder Obstkisten bauen. Dieses gemütliche Plätzchen bietet zudem Platz für Feuerholz.

DAS BENÖTIGST DU

MATERIAL
- 2 stabile Wein- oder Obstkisten aus Holz
- Holzbrett in der Tiefe der Kisten, etwa 120 cm lang
- Schaumstoff in der Größe des Bretts, etwa 5 cm dick
- fester Stoff oder Wachstuch
- Schrauben

WERKZEUG
- Tacker
- Akkuschrauber

SO WIRD'S GEMACHT

1 Schneide das Brett und den Schaumstoff in der Tiefe der Kisten und einer Länge von etwa 120 cm zu.
2 Platziere den Schaumstoff mit dem Brett auf der linken Seite des Stoffs und schneide diesen zu. Der Stoff sollte an allen Seiten etwa 15 cm länger sein als das Brett.
3 Tackere nun den Stoff am Brett fest. Spanne den Stoff und beginne zunächst an der Längskante. Dann faltest du den Stoff ein und tackerst ihn auch auf die kurzen Seiten des Bretts.
4 Zum Schluss legst du die Sitzfläche auf die hochkant gestellten Kisten und fixierst diese mit einigen Schrauben an den Kisten. Durch Holzscheite in den Kisten bekommt die Bank zusätzlich Stabilität.

VOGELTRÄNKE

Damit du im Sommer die Vögel im Garten beobachten kannst, baue ihnen doch eine Vogeltränke! Auch Bienen und Libellen freuen sich über ein bisschen Wasser.

DAS BENÖTIGST DU

MATERIAL
- Schnell-Estrich, Wasser
- flüssiges Geschirrspülmittel
- Vogelfigur aus Ton, Plastik o. Ä.
- Silikon, Silikonspritze
- etwas Milchtütenpapier
- Schere
- neutrales Pflanzenöl
- Sand
- evtl. Fliesenkleber

WERKZEUG
- Holzstab, Rührschüssel
- eine große und eine etwas kleinere Plastikschüssel
- Pinsel
- Einmalhandschuhe
- Schleifpapier

SO WIRD'S GEMACHT

1 Zuerst stellst du aus Silikon einen Abdruck des Vogels her. Dafür füllst du die Rührschüssel mit Wasser und gibst etwa ein Drittel des Spülmittels einer Flasche hinzu (ja, man braucht wirklich so viel), dieses dient als Trennmittel. Umrühren.
2 Streiche auch den Vogel ordentlich mit Spülmittel ein.
3 Dann füllst du den Silikonbehälter in die Spritze und presst damit etwa die Hälfte der Tube in das Spülmittelwasser.
4 Ziehe dir die Einmalhandschuhe über und hole das Silikon aus dem Wasser, drücke es zusammen und knete es, bis du einen homogenen Kloß hast.

WEITER GEHT'S

5

6
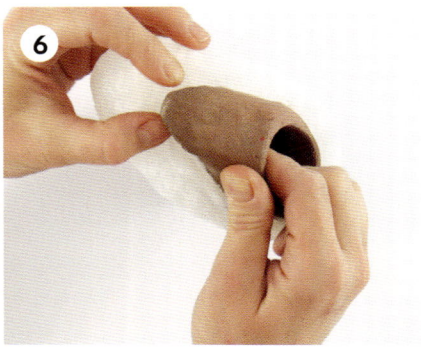

7

9

5 Lege den Vogel auf ein Stück Milchtütenpapier und umforme ihn enganliegend mit dem Silikon.

6 Lasse das Silikon trocknen – es darf nicht mehr kleben – und hole den Vogel dann vorsichtig heraus.

7 Trimme die Form etwas mit einer Schere und streiche sie von innen mit Pflanzenöl ein. Versenke die Form in ein Sandbett in einer Schüssel.

8 Rühre den Estrich nach Packungsanweisung an und fülle die Silikonform damit aus.

9 Lasse den Beton aushärten. Dann nimmst du das ganze Teil aus dem Sandbett und entfernst die Silikonform.

10 Für die Tränke pinselst du die größere Schüssel innen und die kleinere außen mit Pflanzenöl ein. Dann rührst du einfach in der größeren Plastikschüssel eine passende Menge Beton nach Packungsanweisung an. Setze die kleinere Schüssel in die große und beschwere sie mit Wasser, Steinen oder Sand, sodass sie eingesunken bleibt. Zwischen den Böden der beiden Schüsseln sollte sich eine etwa 2,5 cm dicke Schicht Beton befinden.

11 Lasse den Beton aushärten und entferne anschließend die Schüsseln.
12 Eventuelle Unebenheiten und Grate entfernst du am besten mit etwas Schleifpapier.
13 Setze den Vogel auf den Rand der Tränke. Wenn du magst, klebst du ihn noch mit etwas Mörtel oder Fliesenkleber fest.

TIPP

Du hast keine Vogelfigur? Macht nichts, mit dieser Methode kannst du auch andere Tiere abformen, z. B. einen Frosch. Schaue einfach, was du findest.

PFLANZSTEINE

Zu Beginn des Gartenjahrs herrscht noch gähnende Leere in den Beeten, in denen im Laufe des Frühjahrs allerhand Gemüse ausgesät wird. Um dabei nicht den Überblick zu verlieren, sind Pflanzschilder unabdinglich. Diese Variante mit Steinen ist robust und langlebig.

DAS BENÖTIGST DU

MATERIAL
- Steine mit flacher Oberfläche
- Buchstabenaufkleber
- Acryllack auf Wasserbasis, in verschiedenen Farben

WERKZEUG
- breiter Pinsel

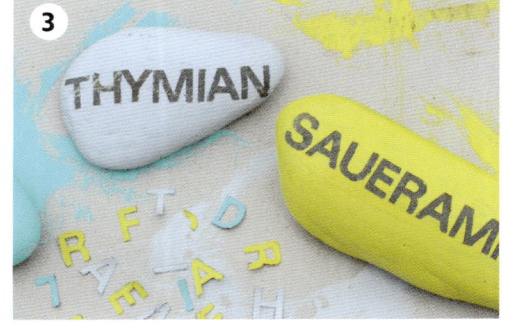

SO WIRD'S GEMACHT

1. Vor dem Bekleben die Steine gut säubern und trocken reiben. Klebe die gewünschten Pflanzennamen mit den Buchstaben auf.
2. Nun werden die Steine lackiert. Übermale dabei auch die Buchstaben. Da die Steine später in direktem Kontakt mit der Erde und den Pflanzen sind, sollte Acryllack auf Wasserbasis verwendet werden.
3. Nach dem Trocknen kannst du die Buchstaben problemlos abziehen, wodurch der Schriftzug des Pflanzennamens sichtbar wird.

PALETTENBANK

Aus Paletten lassen sich ganz günstig kleine Möbelstücke für den Garten bauen. Europaletten werden mit einem Pfand belegt und sind deshalb oftmals nicht leicht zu bekommen. Einwegpaletten gibt es in vielen verschiedenen Größen.

DAS BENÖTIGST DU

MATERIAL
- 1 große Einwegpalette, 180 x 120 cm
- Lack nach Wunsch
- etwa 80 Schrauben, 4 x 18 mm
- etwa 12 Schrauben, 4 x 40 mm

WERKZEUG
- Handsäge
- Zollstock, Stift
- Pinsel
- robuste Schraubenzieher
- Hammer
- Akkubohrer und -schrauber

SO WIRD'S GEMACHT

1. Säge zunächst die Latten aus der Palette heraus. Für eine Bank mit den Maßen 120 x 40 cm und einer Höhe von 45 cm benötigst du:

   » 15 Latten mit den Maßen 40 x 8 cm
   » 4 Latten mit den Maßen 120 x 8 cm
   » 4 Latten mit den Maßen 43 x 8 cm

2. Lackiere die 15 Latten in deiner Wunschfarbe. Hier wurden drei verschiedene Farbtöne in Apricot (hell und dunkel) und Weiß verwendet.

3. Die vier Holzklötze an den Ecken der Palette werden ebenfalls benötigt. Diese kannst du mit einem Schraubenzieher und einem Hammer von den Latten lösen.

4. Nun werden die zwei Rahmen für die Beine gebaut. Dafür verwendest du jeweils eine Latte der Länge 120 cm und zwei Latten der Länge 43 cm. Schraube die beiden kurzen Latten rechtwinklig an die lange Latte mit jeweils mindestens drei Schrauben. Miss anschließend die Dicke der übereinandergeschraubten Latten an einer Ecke und notiere dir dieses Maß (bei dieser Bank waren es 4 cm, das hängt von der Dicke der Latten ab).

WEITER GEHT'S

5 Weiter geht es mit dem Rahmen für die Sitzfläche. Dazu schraubst du mit den langen Schrauben jeweils einen Holzklotz an die beiden äußeren Enden der 120 cm langen Latten. Diese Konstruktion benötigst du in zweifacher Ausführung.

6 Im nächsten Schritt werden die lackierten Latten für die Sitzfläche an den beiden Latten mit den Klötzen angebracht. Rücke die Klötze genau so weit ein, wie du dir in Schritt 4 notiert hast. Die Latten stehen also etwa 4 cm über. Schraube zunächst nur die erste und die letzte Latte von oben an die Konstruktion.

7 Nun werden die übrigen Latten von unten an die Konstruktion geschraubt. Lege die Latten dazu vorher auf und mittele den Abstand zwischen den Latten aus.

8 Du hast es fast geschafft! Lege die Sitzfläche mit der Oberseite nach unten und schraube die Rahmen mit den Beinen seitlich an die Klötze. Da du mit den Latten der Sitzfläche vorher eingerückt bist, sollten die Beine nun bündig mit den Latten der Sitzfläche abschließen.

TIPP

Wenn du auf der Suche nach kostenlosen Paletten bist, fahre einmal in ein Neubaugebiet, und frage bei Baustellen nach. Hausbesitzer sind oft froh, wenn du ihnen den vermeintlichen Müll abnimmst.

BUCHECKERN-LICHTERKETTE

Bucheckern sehen an sich schon aus wie kleine Schirme. Für Abwechslung an der Lichterkette sorgen Lampionblüten, die sich im Herbst wegen ihres warmen Orangetons sehr schön zum Dekorieren eignen.

DAS BENÖTIGST DU

MATERIAL
- » batteriebetriebene LED-Lichterkette mit Minileuchten
- » geöffnete Bucheckern
- » ringförmige Halterung für die Bucheckern (hier wurde eine große Stecknuss einer Ratsche verwendet)
- » Lampionblüten

WERKZEUG
- » Akkuschrauber, Aufsatzgröße 5 mm
- » Cutter

TIPP

Noch herbstlicher wird die Lichterkette, wenn du weitere Naturmaterialien wie bunte Blätter oder kleine Äste an der Kette befestigst.

SO WIRD'S GEMACHT

1 Um ein Loch in die Buchecker zu bohren, setzt du diese auf die Halterung und hältst beides gut fest. Nun bohrst du vorsichtig ein Loch in die Mitte der Buchecker. Wichtig ist, dass du dabei keinen Druck ausübst, sondern den Bohrer die Arbeit erledigen lässt.
2 Entferne die Stiele der Lampionblüten so gut wie möglich, und schneide anschließend mit dem Cutter einen kleinen Schlitz knapp neben den Stielansatz.
3 Stecke nun die Bucheckern und die Lampions abwechselnd auf die Minileuchten der Lichterkette.

HERBSTLICHTER

Wenn es abends früh dunkel wird, sorgen Windlichter vor der Haustüre für eine einladende Stimmung. Das Material dafür hast du sicher zu Hause: Einmachgläser, kleinere Äste und vielleicht sogar ein paar Stücke Birkenrinde vom Brennholzstapel.

DAS BENÖTIGST DU

MATERIAL
- große Einmachgläser
- dünne Äste oder Birkenrinde
- Draht
- Teelicht

WERKZEUG
- Säge
- Zange
- Cutter
- Schere

SO WIRD'S GEMACHT

1 Säge die Äste zunächst in gleich lange Stücke, die etwa 2 cm länger sind als die Höhe des Glases. Die Anzahl der Äste variiert nach der Dicke des Glases.
2 Schneide anschließend ein etwa 120 cm langes Stück Draht ab und knicke es in der Mitte. Nun forme eine Schlaufe aus Draht und baue eine Art Ministaketenzaun, indem du immer ein Holz anlegst, dahinter den Draht verdrehst und wieder ein Holz anlegen. Prüfe zwischendurch, ob die Menge schon ausreicht, um einmal um das Einmachglas geführt zu werden.
3 Zum Schluss legst du das Holz um das Glas, führst die beiden Drahtenden durch die Schlaufe und verknotest die Enden miteinander.

HERBSTLICHTER

WEITER GEHT'S

4   Schneide ein etwa 40 cm langes Stück Draht ab und führe es um das Einmachglas, sodass es locker um das Glas liegt, und verknote die Enden. Beginne nun, die Rindenstücke leicht überlappend in den Drahtring zu stecken.

5   Aus dünner Rinde kannst du ganz leicht Motive ausschneiden, durch die später das Licht scheint. Dazu zeichnest du das gewünschte Motiv auf der Rückseite der Rinde vor und schneidest es anschließend vorsichtig mit dem Cutter aus.

6   Zum Schluss ziehst du den Draht fest an und fixierst die Rinde mit einem zusätzlichen Stück Draht am Einmachglas. Bringe nun die überstehende Rinde mit der Schere auf die gleiche Länge und platziere ein Teelicht in dem Glas.

IMPRESSUM

Bibliografische Information der Deutschen Bibliothek.

Die Deutsche Bibliothek verzeichnet diese Publikation in der Deutschen Nationalbibliografie.

Detaillierte bibliografische Daten sind im Internet über http://www.dnb.de/ abrufbar.

Alle in diesem Buch veröffentlichten Abbildungen sind urheberrechtlich geschützt und dürfen nur mit ausdrücklicher schriftlicher Genehmigung des Verlags gewerblich genutzt werden. Eine Vervielfältigung oder Verbreitung der Inhalte des Buchs ist untersagt und wird zivil- und strafrechtlich verfolgt. Das gilt insbesondere für Vervielfältigungen, Übersetzungen, Mikroverfilmungen und die Einspeicherung und Verarbeitung in elektronischen Systemen.

Die im Buch veröffentlichten Aussagen und Ratschläge wurden von Verfasser und Verlag sorgfältig erarbeitet und geprüft. Eine Garantie für das Gelingen kann jedoch nicht übernommen werden, ebenso ist die Haftung des Verfassers bzw. des Verlags und seiner Beauftragten für Personen-, Sach- und Vermögensschäden ausgeschlossen.

Bei der Verwendung im Unterricht ist auf dieses Buch hinzuweisen.

EIN BUCH DER EDITION MICHAEL FISCHER

1. Auflage 2023

© 2023 Edition Michael Fischer GmbH, Donnersbergstr. 7, 86859 Igling

Covergestaltung: Nathalie Hochholzer
Layout: Zoe Mitterhuber
Satz: Eva Krebs, Sarah Lukic

Illustrationen: © aksol/Shutterstock
Kraftpapier-Struktur: © Ton Photographer 4289/Shutterstock

Coverfotos: Katharina Pasternak (vorne), Johanna Rundel (hinten unten links) Die Stadtgärtner (alle weiteren)

Anleitungen (Texte und Fotos):
Katharina Pasternak (S. 6/8, 18–21, 30/31, 36–38, 44–47)
Die Stadtgärtner (S. 9–11, 22/23, 26–29, 34/35, 39–43, 52–63)
Johanna Rundel (S. 12–17, 24/25, 32/33, 48–51)

ISBN 978-3-7459-1511-2

Gedruckt bei PNB Print SIA „Jansili", Silakrogs, Ropazu novads, LV-2133, Lettland

www.emf-verlag.de